Impressum
Verlag: BABADADA GmbH, Nedderfeld 112 , 22529 Hamburg
Geschäftsführer / Verlagsleitung: Harald Hof
Druck: Books on Demand GmbH, In de Tarpen 42, 22848 Norderstedt

Imprint
Publisher: BABADADA GmbH, Nedderfeld 112 , 22529 Hamburg, Germany
Managing Director / Publishing direction: Harald Hof
Print: Books on Demand GmbH, In de Tarpen 42, 22848 Norderstedt

σχολείο

المدرسة

σχολική τάξη
القسم
διαιρώ
يقسم
186/2
πίνακας
اللوح
σχολική αυλή
δάσκαλος
المعلّم
χαρτί
ورقة
γράφω
يكتب
στυλό
القلم
γραφείο
طاولة المكتب
χάρακας
المسطرة
βιβλίο
الكتاب
μαθητής
التلميذ

σχολική τσάντα

الحقيبة المدرسية

κασετίνα/ μολυβοθήκη

المقلمة

μολύβι

قلم الرصاص

ξύστρα

البرّاية

γόμα

المِمحاة

μπλοκ ζωγραφικής

دفتر الرسم

ζωγραφική

الرسمة

πινέλο

الفرشاة

κουτί χρωμάτων

علبة التلوين

ψαλίδι

المقص

κόλλα

المادة اللاصقة

τετράδιο ασκήσεων

دفتر التمارين

εργασία για το σπίτι

الواجب المدرسي

αριθμός

الرقم

προσθέτω

يجمع

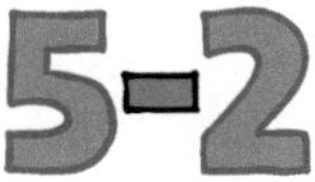

αφαιρώ

يطرح

πολλαπλασιάζω

يضرب

υπολογίζω

يحسب

γράμμα

الحرف

αλφάβητο

الأبجدية

λέξη

كلمة

κείμενο

النص

διαβάζω

يقرأ

κιμωλία

الطبشور

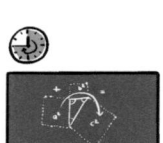

μάθημα

الحصة

εγγράφομαι

دفتر الدوام المدرسي

τεστ

الامتحان

πιστοποιητικό

شهادة

μαθητική στολή

اللباس المدرسي

εκπαίδευση

التعليم

εγκυκλοπαίδεια

الموسوعة

πανεπιστήμιο

الجامعة

μικροσκόπιο

المِجهر

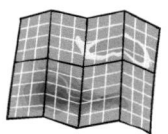

χάρτης

الخريطة

καλάθι αχρήστων

قماما

ξενοδοχείο
فندق

Grand

ξενώνας
بيت الشباب

ROOMS

ανταλλακτήρια συναλλάγματος
مكتب صرافة

EXCHANGE

βαλίτσα
حقيبة

αυτοκίνητο
سيارة

γλώσσα

اللغة

ναι / όχι

نعم / لا

εντάξει

حسناً

γεια σου

مرحباً

μεταφραστής

مترجم

Ευχαριστώ

شكراً

πόσο κάνει ;

كم ثمن ... ؟

Δε καταλαβαίνω

لا أفهم

πρόβλημα

مشكلة

Καλησπέρα!

مساء الخير

Καλημέρα!

صباح الخير!

Καληνύχτα!

ليلة سعيدة

Αντίο

إلى اللقاء

κατεύθυνση

اتجاه

αποσκευές

أمتعة السفر

τσάντα

حقيبة

σακίδιο πλάτης

حقيبة ظهر

καλεσμένος

ضيف

δωμάτιο

غرفة

υπνόσακος

كيس للنوم

σκηνή

خيمة

τουριστικές πληροφορίες

استعلامات سياحية

παραλία

شاطئ

πιστωτική κάρτα

بطاقة ائتمان

πρωινό

إفطار

μεσημεριανό

طعام الغداء

δείπνο

العشاء

εισιτήριο

بطاقة سفر

ανελκυστήρας

مصعد

γραμματόσημο

طابع بريدي

σύνορα

حدود

τελωνείο

الجمارك

πρεσβεία

سفارة

βίζα

تأشيرة

διαβατήριο

جواز سفر

μεταφορά

نقل

αεροπλάνο
طائرة
πλοίο
سفينة
πυροσβεστικό όχημα
سيارة إطفاء
λεωφορείο
حافلة
φορτηγό
سيارة شاحنة
χανοκίνητο σκάφος
زورق
ποδήλατο
درّاجة
αυτοκίνητο
سيارة

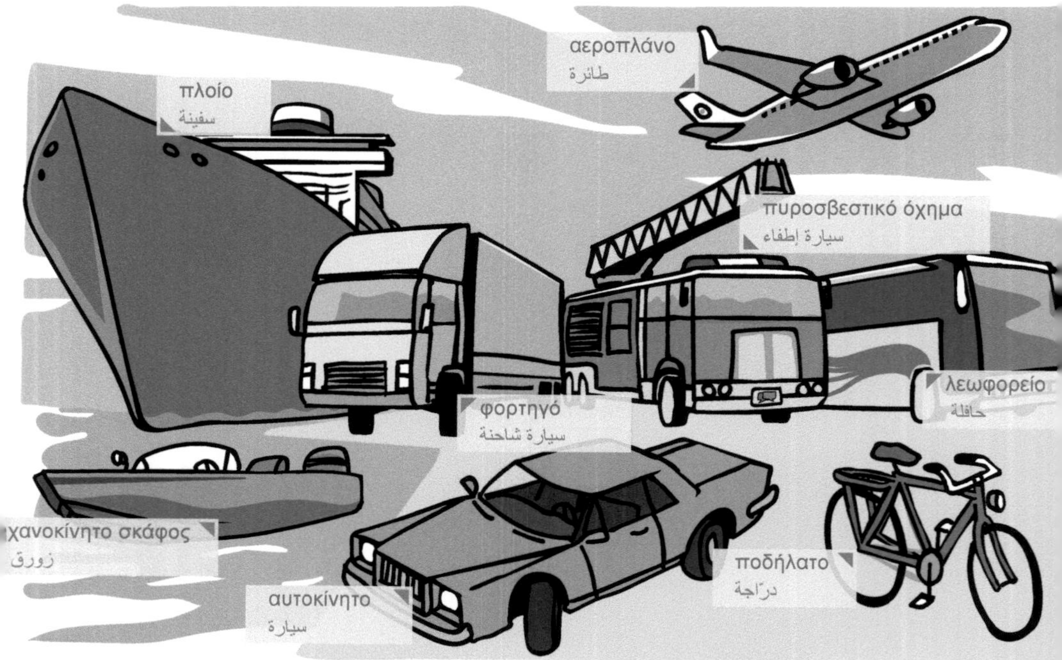

φεριμπότ

عبارة

βάρκα

قارب

μοτοσικλέτα

دراجة نارية

περιπολικό

سيارة شرطة

αγωνιστικό αυτοκίνητο

سيارة سباق

ενοικιαζόμενο αυτοκίνητο

سيارة مستأجرة

αμοιρασμός αυτοκινήτων

أسلوب تشاركي في استئجار السيارات

γερανός

سيارة للجر

απορριμματοφόρο

سيارة نقل القمامة

κινητήρας

محرك

καύσιμο

وقود

βενζινάδικο

محطة وقود

πινακίδα σήμανσης

إشارة مرور

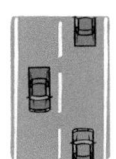

κυκλοφορία

حركة السير

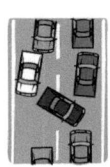

κυκλοφοριακή συμφόρηση

ازدحام سير

χώρος στάθμευσης

موقف سيارات

σιδηροδρομικός σταθμός

محطة قطار

σιδηροδρομικές γραμμές

سكك حديدية

τρένο

قطار

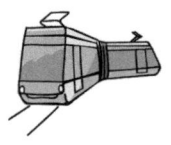

τραμ

ترام

βαγόνι

عربة قطار

ελικόπτερο

طائرة مروحية

αεροδρόμιο

مطار

πύργος

برج

επιβάτης

مسافر

εμπορευματοκιβώτιο

حاوية

χαρτοκιβώτιο

علبة كرتون

καρότσι

عربة يد

καλάθι

سلة

απογειώνομαι / προσγειόνομαι

يقلع / يهبط

πόλη
مدينة

χωριό

قرية

κέντρο της πόλης

مركز المدينة

σπίτι

بيت

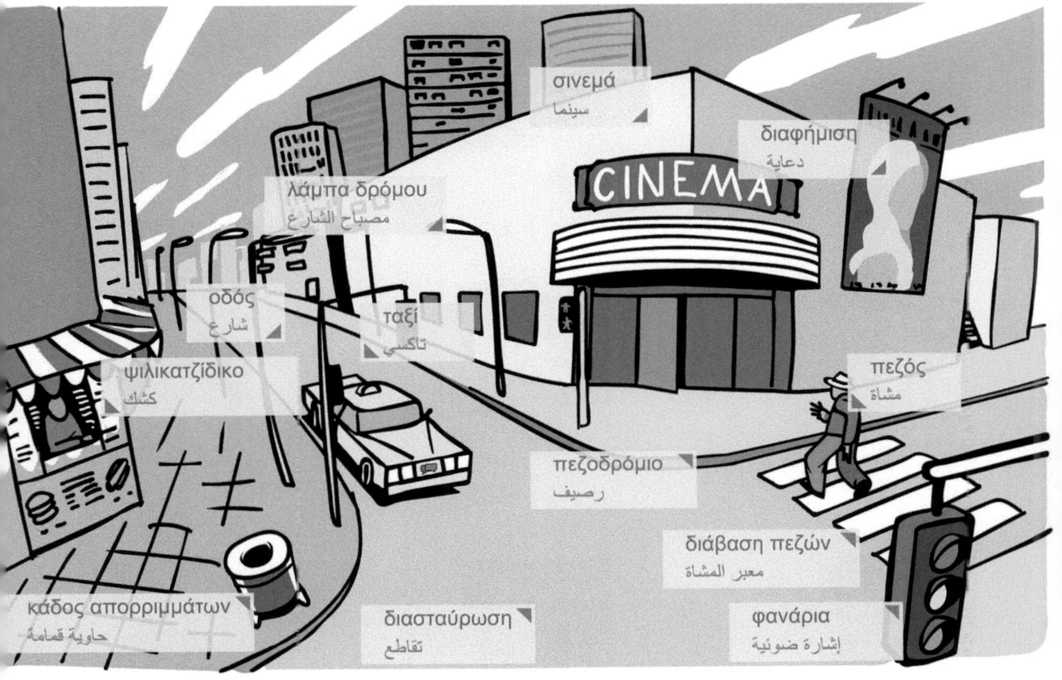

σινεμά
سينما

διαφήμιση
دعاية

λάμπα δρόμου
مصباح الشارع

CINEMA

οδός
شارع

ταξί
تاكسي

ψιλικατζίδικο
كشك

πεζός
مشاة

πεζοδρόμιο
رصيف

διάβαση πεζών
معبر المشاة

κάδος απορριμμάτων
حاوية قمامة

διασταύρωση
تقاطع

φανάρια
إشارة ضوئية

καλύβα
كوخ

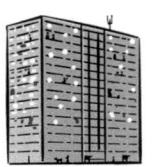

διαμέρισμα
شقة

σιδηροδρομικός σταθμός
محطة قطار

δημαρχείο
دار البلدية

μουσείο
متحف

σχολείο
المدرسة

πανεπιστήμιο

الجامعة

τράπεζα

مصرف

νοσοκομείο

المستشفى

ξενοδοχείο

فندق

φαρμακείο

صيدلية

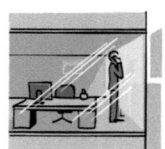

γραφείο

مكتب

βιβλιοπωλείο

مكتبة

κατάστημα

متجر

ανθοπωλείο

محل لبيع الزهور

σούπερ μάρκετ

سوبرماركت

αγορά

سوق

πολυκατάστημα

متجر كبير

ιχθυοπωλείο

تاجر السمك

εμπορικό κέντρο

مركز تسوّق

λιμάνι

ميناء

πάρκο

حديقة عامة

παγκάκι

مقعد

γέφυρα

جسر

σκάλες

درج، سلم

μετρό

مترو

τούνελ

نفق

στάση λεωφορείου

موقف حافلات

μπαρ

بار

εστιατόριο

مطعم

γραμματοκιβώτιο

صندوق البريد

πινακίδα δρόμου

لافتة باسم الشارع

παρκόμετρο

مقياس زمن الوقوف

ζωολογικός κήπος

حديقة حيوانات

πισίνα

مسبح

τζαμί

مسجد

αγρόκτημα

مزرعة

ρύπανση

تلوث البيئة

νεκροταφείο

مقبرة

εκκλησία

كنيسة

παιδική χαρά

ملعب الأطفال

ναός

معبد

ΤΟΠΊΟ

طبيعة ريفية

φύλλο
ورقة

πινακίδα κατεύθυνσης
علامة إرشاد

δρόμος
طريق

λιβάδι
مرج

πέτρα
حجر

πεζοπόρος
رحالة

δέντρο
شجرة

ποτάμι
نهر

χορτάρι
عشب

λουλούδι
زهرة

κοιλάδα

وادٍ

λόφος

جبل

λίμνη

بحيرة

δάσος

غابة

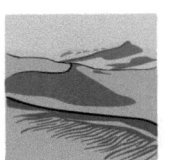

έρημος

صحراء

ηφαίστειο

بركان

κάστρο

قلعة

ουράνιο τόξο

قوس قزح

μανιτάρι

فِطر

φοίνικας

نخلة

κουνούπι

بعوض

μύγα

ذبّانة

μυρμήγκι

نملة

μέλισσα

نحلة

αράχνη

عنكبوت

σκαθάρι

خنفساء

βάτραχος

ضفدعة

σκίουρος

سنجاب

σκαντζόχοιρος

قنفذ

λαγός

أرنب

κουκουβάγια

بومة

πουλί

عصفور

κύκνος

بجعة

αγριογούρουνο

خنزير برّي

ελάφι

غزال

άλκη

إلكة

φράγμα

سد

ανεμογεννήτρια

دولاب الطاحونة الهوائية

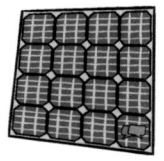

ηλιακός συλλέκτης

خلية شمسية

κλίμα

مناخ

εστιατόριο
مطعم

σερβιτόρος
نادل
κατάλογος
لائحة الطعام
καρέκλα
كرسي
σούπα
حساء
πίτσα
بيتزا
μαχαιροπίρουνα
أدوات المائدة
τραπεζομάντιλο
غطاء المائدة

ορεκτικό
مقبلات

κύριο πιάτο
الصحن الرئيسي

επιδόρπιο
حلوى أو فاكهة بعد الطعام

ποτά
مشروبات

φαγητό
طعام

μπουκάλι
زجاجة

φαστ φουντ

وجبات سريعة

φαγητό στ' όρθιο

طعام الشارع

τσαγιέρα

إبريق الشاي

δοχείο ζάχαρης

علبة السكر

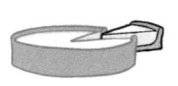

μερίδα

حصّة

μηχανή εσπρέσο

آلة الإسبريسو

ψηλή καρέκλα

كرسي عالٍ

λογαριασμός

فاتورة

δίσκος

صينية

μαχαίρι

سكين

πιρούνι

شوكة

κουτάλι

ملعقة

κουταλάκι του τσαγιού

ملعقة الشاي

πετσέτα φαγητού

منديل المائدة

ποτήρι

كأس

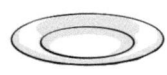

πιάτο

صحن

πιάτο σούπας

صحن الحساء

πιατάκι φλιτζανιού

صحن الفنجان

σάλτσα

صلصة

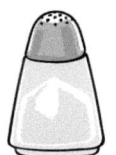

αλατιέρα

مملحة

μύλος για πιπέρι

مطحنة الفلفل

ξύδι

خلّ

λάδι

زيت الطعام

μπαχαρικά

توابل

κέτσαπ

كتشاب

μουστάρδα

خردل

μαγιονέζα

مايونيز

σούπερ μάρκετ

سوبرماركت

προσφορά
عرض خاص
πελάτης
زبون
γαλακτοκομικά προϊόντα
مشتقات الحليب
φρούτα
فواكه
καρότσι για ψώνια
عربة تسوّق

κρεοπωλείο

جزّار

φούρνος

مخبز

ζυγίζω

يزن

λαχανικά

خضار

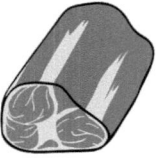

κρέας

لحم

κατεψυγμένα τρόφιμα

المأكولات المجمّدة

αλλαντικά

مرتدلا أو جبن

κονσερβοποιημένη τροφή

معلّبات

απορρυπαντικό ρούχων

مسحوق الغسيل

γλυκά

حلويات

οικιακά είδη

المواد المنزلية

καθαριστικά προϊόντα

منظّفات

πωλήτρια

بائعة

ταμείο

صندوق الحساب

ταμίας

أمين صندوق

λίστα για ψώνια

قائمة المشتريات

ωράριο λειτουργίας

أوقات العمل

πορτοφόλι

محفظة النقود

πιστωτική κάρτα

بطاقة ائتمان

τσάντα

حقيبة

πλαστική σακούλα

كيس بلاستيكي

ποτά

مشروبات

νερό

ماء

χυμός

عصير

γάλα

حليب

κόκα κόλα

كولا

κρασί

نبيذ

μπίρα

بيرة

αλκοόλ

كحول

κακάο

كاكاو

τσάι

شاي

καφές

قهوة

εσπρέσο

قهوة إسبريسو

καπουτσίνο

كابوتشينو

μπανάνα

موزة

μήλο

تفاح

πορτοκάλι

برتقال

πεπόνι

بطيخ

λεμόνι

ليمون

καρότο

جزرة

σκόρδο

ثوم

μπαμπού

خيزران

κρεμμύδι

بصل

μανιτάρι

فِطر

ξηροί καρποί

لوزيات

νουντλς

شعيرية

μακαρόνια

سباغيتي

ρύζι

أرزّ

σαλάτα

سلطة

πατατάκια

بطاطا مقلية

τηγανητές πατάτες

بطاطا مقلية

πίτσα

بيتزا

χάμπουργκερ

هامبورغر

σάντουιτς

ساندويش

κοτολέτα

شريحة لحم مقلية

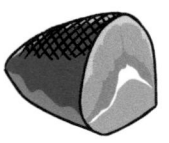

ζαμπόν

لحم خنزير

σαλάμι

سلامي

λουκάνικο

سجق

κοτόπουλο

دجاج

ψητό

لحم محمر

ψάρι

سمك

φαγητό - طعام

χυλός βρώμης

دقيق الشوفان

μούσλι

موسلي

κορν φλέικς

كورن فلكس

αλεύρι

طحين

κρουασάν

كرواسان

ψωμάκι

خبز صغير

ψωμί

خبز

τοστ

خبز محمص

μπισκότα

بسكويت

βούτυρο

زبدة

τυρόπηγμα

لبن زبادي

κέικ

كعكة

αυγό

بيضة

τηγανητό αυγό

بيض مقلي

τυρί

جبنة

παγωτό

مثلجات

ζάχαρη

سكر

μέλι

عسل

μαρμελάδα

مربّى الفاكهة

άλλειμμα σοκολάτας

كريم النوغا

κάρυ

الكاري

αγρόκτημα
مزرعة

αγρόσπιτο
بيت الفلاح
δεμάτι άχυρου
رزمة من التبن
αχυρώνας
مخزن غلال
χωράφι
حقل
άλογο
حصان
ρυμουλκούμενο
مقطورة
τρακτέρ
جرار
πουλάρι
مهر
γάιδαρος
حمار
πρόβατο
خروف
αρνί
خروف

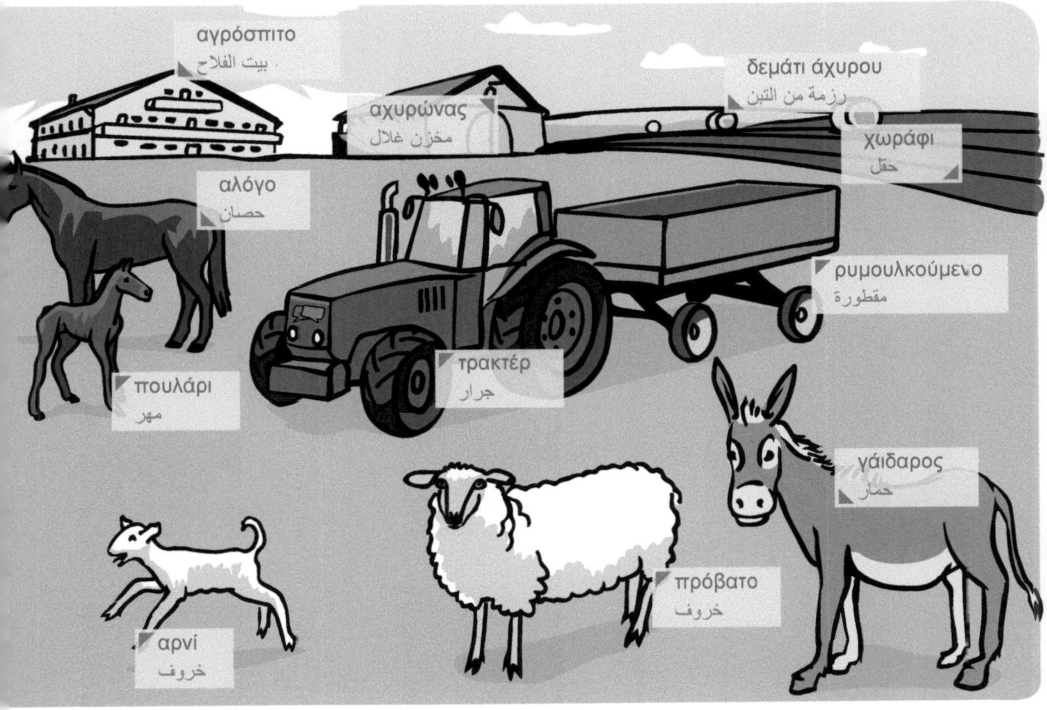

κατσίκα

ماعز

αγελάδα

بقرة

μοσχαράκι

عجل

γουρούνι

خنزير

γουρουνάκι

خنزير صغير

ταύρος

ثور

χήνα

إوزّة

πάπια

بطة

κοτοπουλάκι

صوص

κότα

دجاجة

κόκορας

ديك

αρουραίος

جرذ

γάτα

قطّة

ποντίκι

فأر

βόδι

ثور

σκύλος

كلب

σπιτάκι σκύλου

كوخ الكلب

λάστιχο κήπου

خرطوم الحديقة

ποτιστήρι

إبريق

θεριστήρι

منجل

αλέτρι

المحراث

δρεπάνι

منجل

τσάπα

معزقة

δίκρανο

مذراة الزبل

τσεκούρι

بلطة

χειράμαξα

عربة يد

ταΐστρα

معلف

δοχείο γάλακτος

صفيحة الحليب

σάκος

كيس

φράχτης

سياج

στάβλος

اصطبل

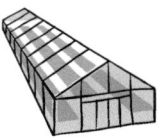

θερμοκήπιο

دفيئة

έδαφος

تربة

σπόρος

بذور

λίπασμα

سماد

θεριζοαλωνιστική μηχανή

حصّادة درّاسة

θερίζω

يحصد

συγκομιδή

محصول

γιαμς

بطاطا يامس

σιτάρι

قمح

σόγια

صويا

πατάτα

بطاطا

καλαμπόκι

ذرة

κράμβη

سلجم

οπωροφόρο δέντρο

شجرة فاكهة

μανιόκα

نبات منيهوت

δημητριακά

الحبوب

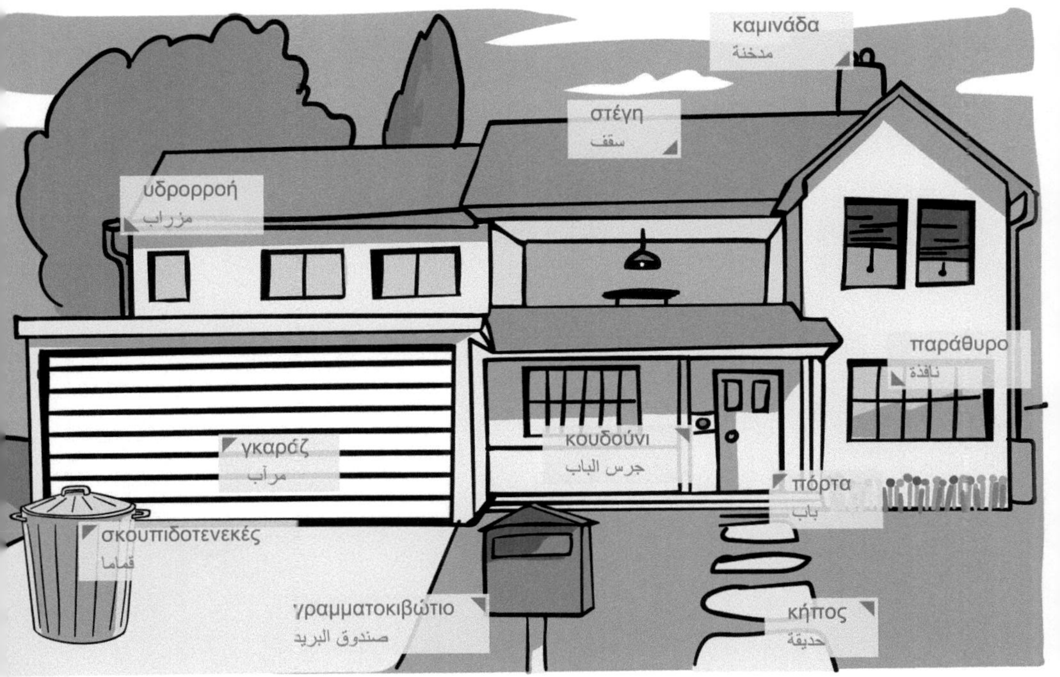

καμινάδα
مدخنة

στέγη
سقف

υδρορροή
مزراب

παράθυρο
نافذة

γκαράζ
مرآب

κουδούνι
جرس الباب

πόρτα
باب

σκουπιδοτενεκές
قمامة

γραμματοκιβώτιο
صندوق البريد

κήπος
حديقة

σαλόνι

غرفة جلوس

μπάνιο

الحمّام

κουζίνα

مطبخ

υπνοδωμάτιο

غرفة النوم

παιδικό δωμάτιο

غرفة الأطفال

τραπεζαρία

غرفة الطعام

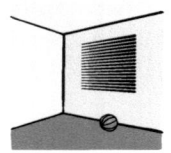

πάτωμα

أرضية

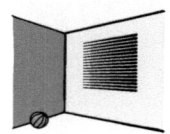

τοίχος

حائط

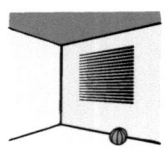

οροφή

سقف

κελάρι

قبو

σάουνα

ساونا

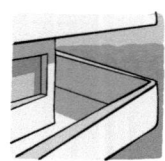

μπαλκόνι

بلكون

βεράντα

شرفة

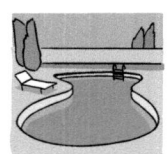

πισίνα

مسبح

μηχανή του γκαζόν

جزّازة العشب

σεντόνι

بياضات السرير

κάλυμμα κρεβατιού

بطانية

κρεβάτι

سرير

σκούπα

مكنسة

κουβάς

سطل

διακόπτης

مفتاح كهربائي

σαλόνι
غرفة جلوس

ταπετσαρία
ورق جدران
φωτογραφία
صورة
λάμπα
مصباح كهربائي
ράφι
رف
ντουλάπι
خزانة
τηλεόραση
تلفزيون
τζάκι
موقد مفتوح
λουλούδι
μαξιλάρι
وسادة
καναπές
كنبة
βάζο
مزهرية
τηλεκοντρόλ
تحكم عن بعد

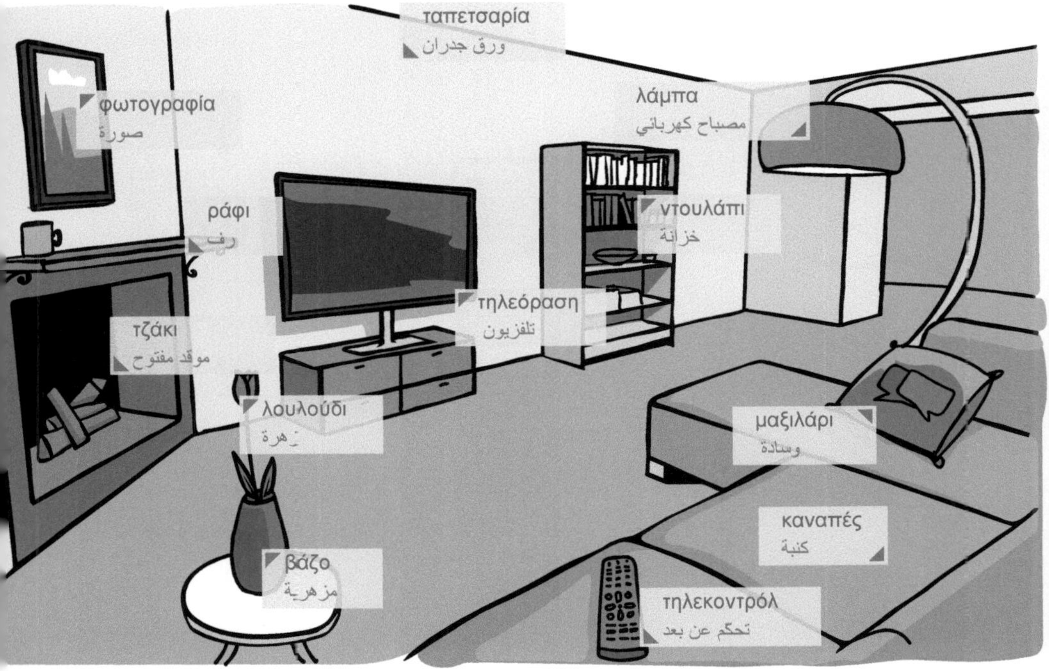

χαλί

بصاط

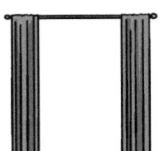

κουρτίνα

ستارة

τραπέζι

طاولة

καρέκλα

كرسي

κουνιστή πολυθρόνα

كرسي هزّاز

πολυθρόνα

كرسي ذو ذراعين

βιβλίο

الكتاب

κουβέρτα

بطانية

διακόσμηση

زخرفة

καυσόξυλα

الحطب

ταινία

فيلم

στερεοφωνικό σύστημα

تجهيزات ستيريو

κλειδί

مفتاح

εφημερίδα

جريدة

πίνακας ζωγραφικής

لوحة مرسومة

αφίσα

مُلصق

ραδιόφωνο

راديو

σημειωματάριο

دفتر ملاحظات

ηλεκτρική σκούπα

المكنسة الكهربائية

κάκτος

صبّار

κερί

شمعة

κουζίνα
مطبخ

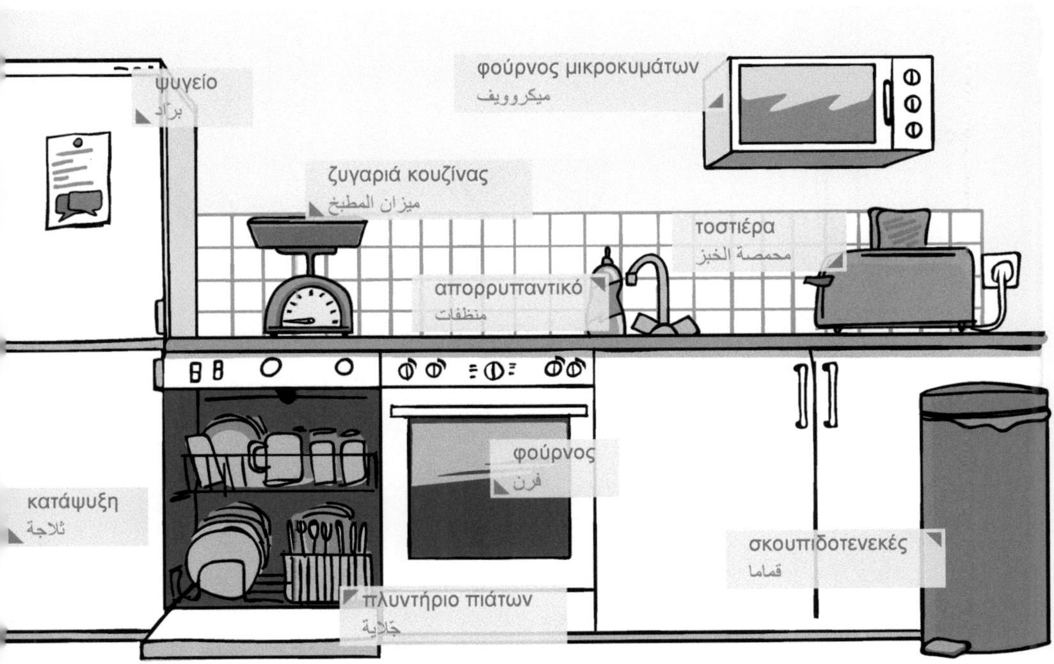
ψυγείο
برّاد
φούρνος μικροκυμάτων
ميكروويف
ζυγαριά κουζίνας
ميزان المطبخ
τοστιέρα
محمصة الخبز
απορρυπαντικό
منظفات
φούρνος
فرن
κατάψυξη
ثلاجة
σκουπιδοτενεκές
قماما
πλυντήριο πιάτων
جلاية

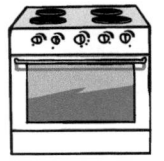

κουζίνα
موقد

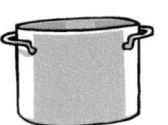

κατσαρόλα
قِدر

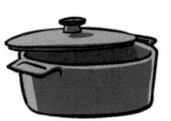

μαντεμένια κατσαρόλα
وعاء من الحديد

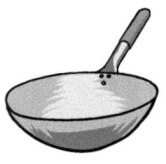

γουόκ/καντάι
قدر صيني

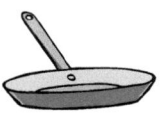

τηγάνι
مقلاة

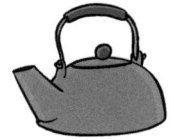

βραστήρας
غلاية

ατμομάγειρας

قدر البخار

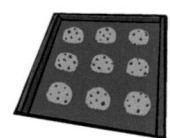

ταψί

صينية

πιατικά

أواني

κούπα

فنجان

μπολ

صحن

ξυλάκια

عيدان الأكل

κουτάλα

مغرفة

σπάτουλα

ملعقة منبسطة

ανακατεύω

خفاقة

σουρωτήρι

مصفاة

σουρωτηράκι

مصفاة

τρίφτης

مِبشرة

γουδί

هاون

ψησταριά

شواء

ανοιχτή φωτιά

موقد

σανίδα κοπής

....

لوح التقطيع

πλάστης

....

نشّابة

ανοιχτήρι φελλών

....

مفتاح الزجاجات

κονσέρβα

....

علبة

ανοιχτήρι κονσέρβας

....

مفتاح العلب المعدنية

γάντι φούρνου

....

قماش الفرن

νεροχύτης

....

مجلى

βούρτσα

....

فرشاة

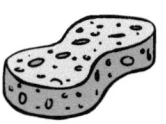

σφουγγάρι

....

إسفنج

μπλέντερ

....

خلاط

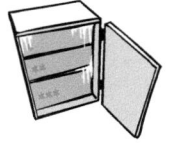

καταψύκτης

....

مجمّدة

μπιμπερό

....

زجاجة الطفل

βρύση

....

صنبور الماء

μπάνιο

الحمّام

θέρμανση
تدفئة
πετσέτα
منشفة
ντους
دوش
κουρτίνα ντουζ
ستارة الدوش
αφρόλουτρο
حمام رغوة
μπανιέρα
ποτήρι
كأس
πλυντήριο ρούχων
غسالة
βρύση
صنبور الماء
πλακάκια
بلاط
γιογιό
قفازات مطاطية
νεροχύτης
مجلى

τουαλέτα

حمام

τούρκικη τουαλέτα

مرحاض القرفصاء

μπιντές

حوض التشطيف

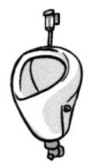

ουρητήριο

مبولة

χαρτί υγείας

ورق المرحاض

πιγκάλ

فرشاة الحمام

οδοντόβουρτσα

فرشاة الأسنان

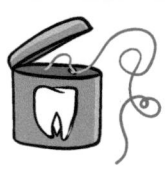

οδοντόκρεμα

معجون الأسنان

οδοντικό νήμα

خيط حرير لتنظيف الأسنان

πλένω

يغسل

τηλέφωνο ντους

رشاش ماء يدوي

ντουσιέρα

شطاف

λεκάνη

حوض الغسيل

βούρτσα πλάτης

فرشاة الظهر

σαπούνι

صابون

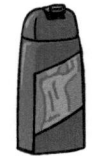

αφρόλουτρο

جيل الدوش

σαμπουάν

شامبو

φανέλα

ممسحة

σιφόνι

مصرف للماء

κρέμα

مرهم

αποσμητικό

مزيل الروائح

καθρέφτης

مرآة

καθρέφτης χειρός

مرآة يد

ξυραφάκι

موس حلاقة

αφρός ξυρίσματος

رغوة الحلاقة

αφτερσέιβ

كولونيا

χτένα

مشط

βούρτσα

فرشاة

σεσουάρ

سشوار

λακ

مثبت للشعر

μακιγιάζ

ماكياج

κραγιόν

روج

βερνίκι νυχιών

طلاء أظافر

βαμβάκι

قطن

ψαλίδι νυχιών

مقص أظافر

άρωμα

عطر

νεσεσέρ

سلة الغسيل

σκαμπό

مقعد صغير

ζυγαριά

ميزان

μπουρνούζι

معطف الحمام

ελαστικά γάντια

قفازات مطاطية

ταμπόν

سدادة قطنية

πετσέτα υγιεινής

منشفة صحية

χημική τουαλέτα

تواليت كيميائية

παιδικό δωμάτιο

غرفة الأطفال

ξυπνητήρι
منبه
λούτρινο ζωάκι
الحيوانات المحنطة
αυτοκινητάκι
سيارة لعبة
κουδουνίστρα
خشخشة
κουκλόσπιτο
بيت الدمى
δώρο
هدية

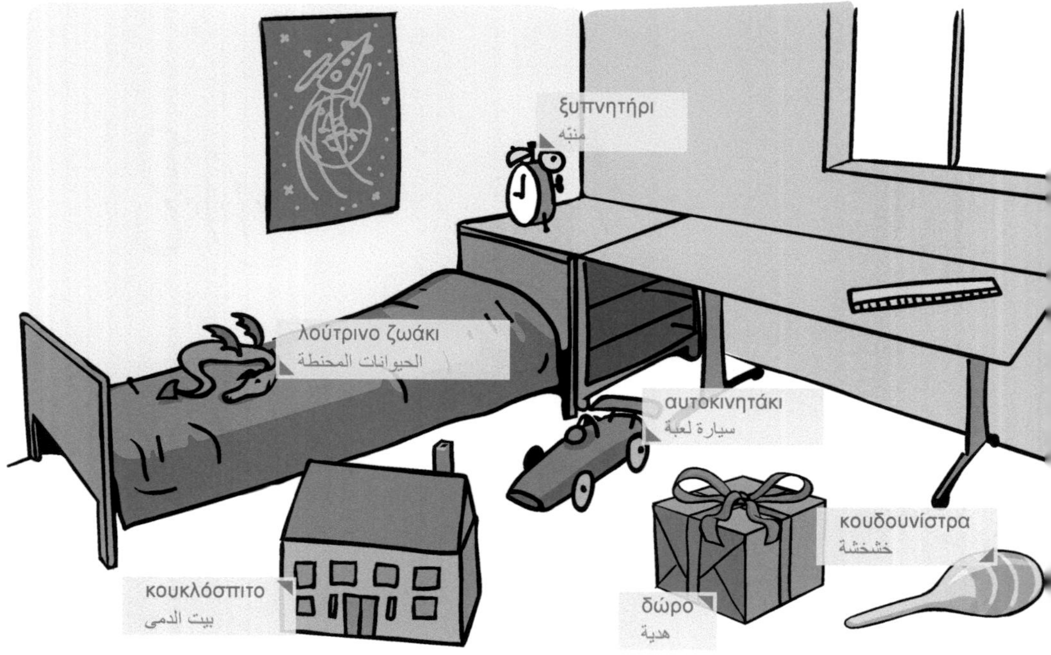

μπαλόνι

بالون

κρεβάτι

سرير

καροτσάκι

عربة الأطفال

τράπουλα

لعبة الورق

παζλ

أحجية

κόμικς

رسوم هزلية

τουβλάκια lego

أحجار الليغو

τουβλάκια κατασκευών

حجارة تركيب

φιγούρα δράσης

دمية بطل

βρεφικό φορμάκι

لباس الطفل

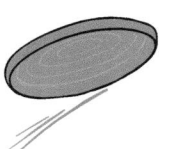

φρίσμπι

فريسبي

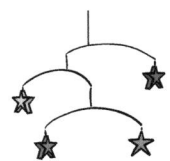

μόμπιλο

دمية معلّقة

επιτραπέζιο παιχνίδι

لعبة الطاولة

ζάρια

لعبة النرد

σετ τρενάκι

لعبة قطار

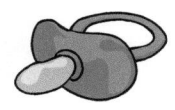

πιπίλα

مصّاصة

πάρτι

حفلة

εικονογραφημένο βιβλίο

كتاب مصوّر

μπάλα

كرة

κούκλα

دمية

παίζω

يلعب

σκάμμα με άμμο

ملعب رملي للأطفال

κούνια

أرجوحة

παιχνίδια

لعبة

κονσόλα βιντεοπαιχνιδιών

ألعاب فيديو

τρίκυκλο

دراجة ثلاثية

αρκουδάκι

دمية على شكل الدب

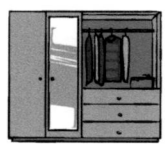

ντουλάπα

خزانة الثياب

ρούχα

ثياب

κάλτσες

جوارب قصيرة

καλτσοδέτες

جوارب طويلة

καλσόν

جورب بنطلون

κασκόλ
شال

ομπρέλα
شمسية

μπλουζάκι
تي شيرت

ζώνη
حزام

μπότες
حذاء شتوي

παντόφλες
شبشب

αθλητικά παπούτσια
أحذية رياضية

σανδάλια
صندل

παπούτσια
حذاء

γαλότσες
جزمة كاوتشوك

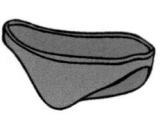

εσώρουχο
سروال داخلي

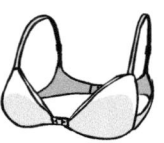

σουτιέν
صدارة

φανέλα
قميص داخلي

ρούχα - ثياب

σώμα

لباس ملاصق للجسم

παντελόνι

بنطلون

τζιν παντελόνι

جينز

φούστα

تنورة

μπλούζα

بلوزة

πουκάμισο

قميص

πουλόβερ

سترة قطنية

πουλόβερ

كنزة كم طويل

σακάκι

سترة فضفاضة

μπουφάν

سترة

παλτό

معطف

αδιάβροχο πανωφόρι

معطف مطري

κοστούμι

زي – طقم نسائي

φόρεμα

ثوب

νυφικό

ثوب الزفاف

κοστούμι

طقم

νυχτικό

قميص نوم

πιτζάμες

بيجاما

σάρι

ساري

μαντήλι

حجاب

τουρμπάνι

عمامة

μπούρκα

برقع

καφτάνι

قفطان

μουσουλμανικό ένδυμα

عباءة

ολόσωμο μαγιό

مايوه

ανδρικό μαγιό

سروال سباحة

σορτς

شرت

αθλητική φόρμα

بدلة رياضية

ποδιά

مئزر

γάντια

ققازات

ρούχα - ثياب

κουμπί

زر

γυαλιά

نظّارة

βραχιόλι

إسوارة

περιδέραιο

عقد

δαχτυλίδι

خاتم

σκουλαρίκι

قرط

καπέλο

طاقيّة

κρεμάστρα

علاقة ثياب

καπέλο

قبّعة

γραβάτα

ربطة العنق

φερμουάρ

سحّاب

κράνος

خوذة

τιράντες

حمّالة البنطلون

μαθητική στολή

اللباس المدرسي

στολή

زي موحّد

σαλιάρα

مريلة الأطفال

πιπίλα

مصّاصة

πάνα

لفافة

γραφείο

مكتب

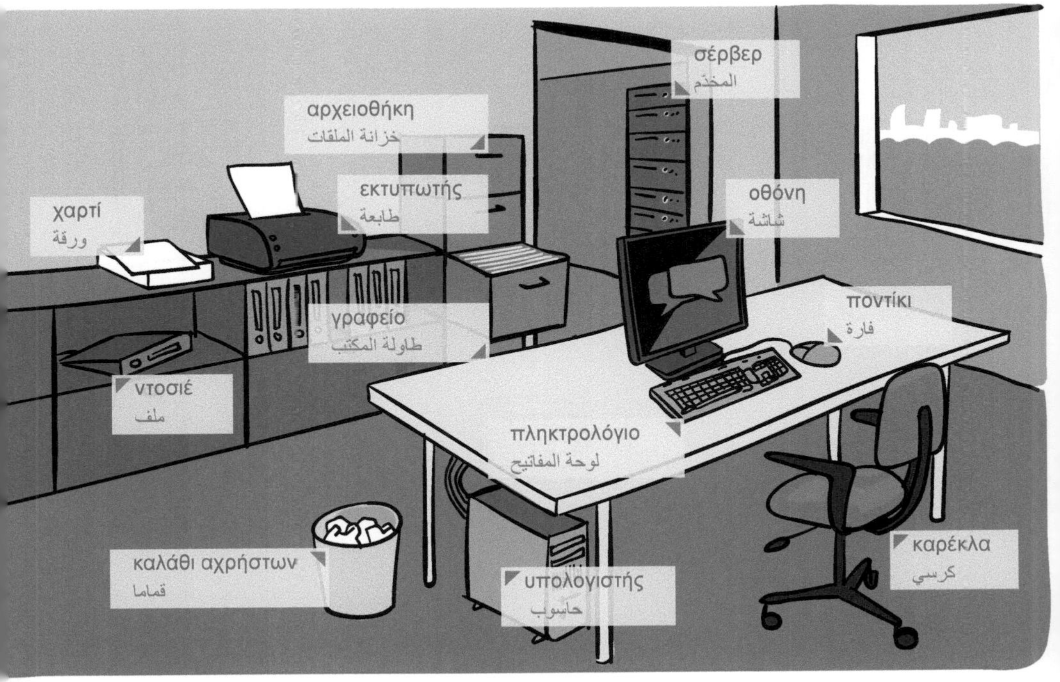

σέρβερ
المخدّم

αρχειοθήκη
خزانة الملقات

εκτυπωτής
طابعة

οθόνη
شاشة

χαρτί
ورقة

γραφείο
طاولة المكتب

ποντίκι
فأرة

ντοσιέ
ملف

πληκτρολόγιο
لوحة المفاتيح

καλάθι αχρήστων
قمامة

υπολογιστής
حاسوب

καρέκλα
كرسي

κούπα του καφέ

كأس من القهوة

κομπιουτεράκι

الآلة الحاسبة

ίντερνετ

الإنترنت

λάπτοπ

الحاسوب المحمول

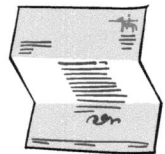

γράμμα

رسالة

μήνυμα

خبر

κινητό

الهاتف المحمول

δίκτυο

شبكة

φωτοτυπικό μηχάνημα

جهاز تصوير

λογισμικό

البرمجيات

τηλέφωνο

هاتف

πρίζα

مقبس كهربائي

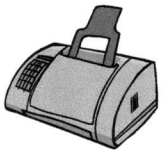

συσκευή φαξ

فاكس

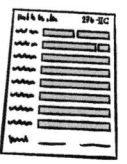

έντυπο

استمارة

έγγραφο

وثيقة

αγοράζω

يشتري

πληρώνω

يدفع

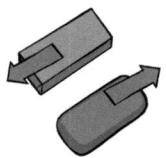

συναλλάσσομαι

يتاجر

χρήματα

مال

δολάριο

دولار

ευρώ

يورو

γιεν

ين

ρούβλι

روبل

ελβετικό φράγκο

فرنك سويسري

ρενμίνμπι γιουάν

يوان

ρουπία

روبية

ATM (αυτόματη ταμειακή μηχανή)

صرّاف آلي

ανταλλακτήρια
συναλλάγματος

مكتب صرافة

χρυσός

ذهب

ασήμι

فضة

πετρέλαιο

نفط

ενέργεια

طاقة

τιμή

سعر

συμβόλαιο

عقد

φόρος

ضريبة

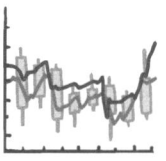

μετοχή

سهم

δουλεύω

يعمل

υπάλληλος

موظف

εργοδότης

رب العمل

εργοστάσιο

مصنع

κατάστημα

متجر

επαγγέλματα

المِهَن

αστυνόμος
الشرطي
πυροσβέστης
رجل إطفاء
μάγειρας
طبّاخ
γιατρός
الطبيب
πιλότος
طيّار

κηπουρός

بستاني

ξυλουργός

نجّار

μοδίστρα

خيّاطة

δικαστής

قاض

χημικός

كيميائي

ηθοποιός

ممثّل

οδηγός λεωφορείου
....
سائق حافلة

ταξιτζής
....
سائق تاكسي

ψαράς
....
صياد سمك

καθαρίστρια
....
أجيرة للتنظيف

τεχνίτης στεγών
....
بنّاء سقف

σερβιτόρος
....
نادل

κυνηγός
....
صيّاد

ζωγράφος
....
رسّام

αρτοποιός
....
خباز

ηλεκτρολόγος
....
كهربائي

οικοδόμος
....
عامل بناء

μηχανολόγος
....
مهندس

κρεοπώλης
....
لحّام

υδραυλικός
....
سمكري

ταχυδρόμος
....
ساعي البريد

στρατιώτης

جندي

αρχιτέκτονας

مهندس معماري

ταμίας

أمين صندوق

ανθοπώλης

بائع الزهور

κομμωτής

حلاق

ελεγκτής εισιτηρίων

مراقب القطار

μηχανικός

ميكانيكي

καπετάνιος

قبطان

οδοντίατρος

طبيب أسنان

επιστήμονας

رجل العلم

ραβίνος

حاخام

ιμάμης

إمام

μοναχός

راهب

ιερέας

كاهن

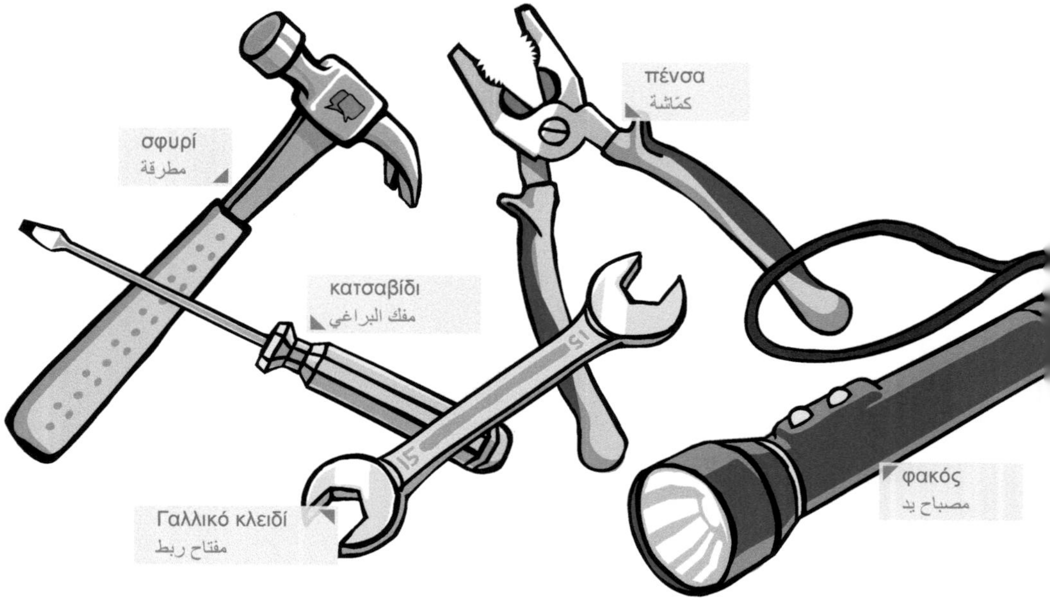

σφυρί
مطرقة
πένσα
كمّاشة
κατσαβίδι
مفك البراغي
Γαλλικό κλειδί
مفتاح ربط
φακός
مصباح يد

εκσκαφέας
جرافة

εργαλειοθήκη
صندوق العدة

σκάλα
سلم

πριόνι
منشار

καρφιά
مسامير

τρυπάνι
مثقب

επισκευάζω

يصلح

φτυάρι

مجرفة

Να πάρει!

اللعنة

φαράσι

لقاطة الكناسة

δοχείο χρωμάτων

سطل الألوان

βίδες

براغي

μουσικά όργανα

آلات موسيقية

ντραμς

آلات الإيقاع

μεγάφωνο

مكبر الصوت

κιθάρα

غيتار

κοντραμπάσο

كمان أجهر

τρομπέτα

بوق

πιάνο

بيانو

βιολί

كمنجة

μπάσο

جهير

τύμπανα

طبل كبير

τύμπανο

طبل

πλήκτρα

بيانو كهربائي

σαξόφωνο

ساكسوفون

φλάουτο

ناي

μικρόφωνο

ميكروفون

μουσικά όργανα - آلات موسيقيّة

ζωολογικός κήπος
حديقة حيوانات

είσοδος
مدخل
τίγρης
نمر
κλουβί
قفص
ζέβρα
حمار الوحش
ζωοτροφή
علف للحيوانات
πάντα
دب باندا

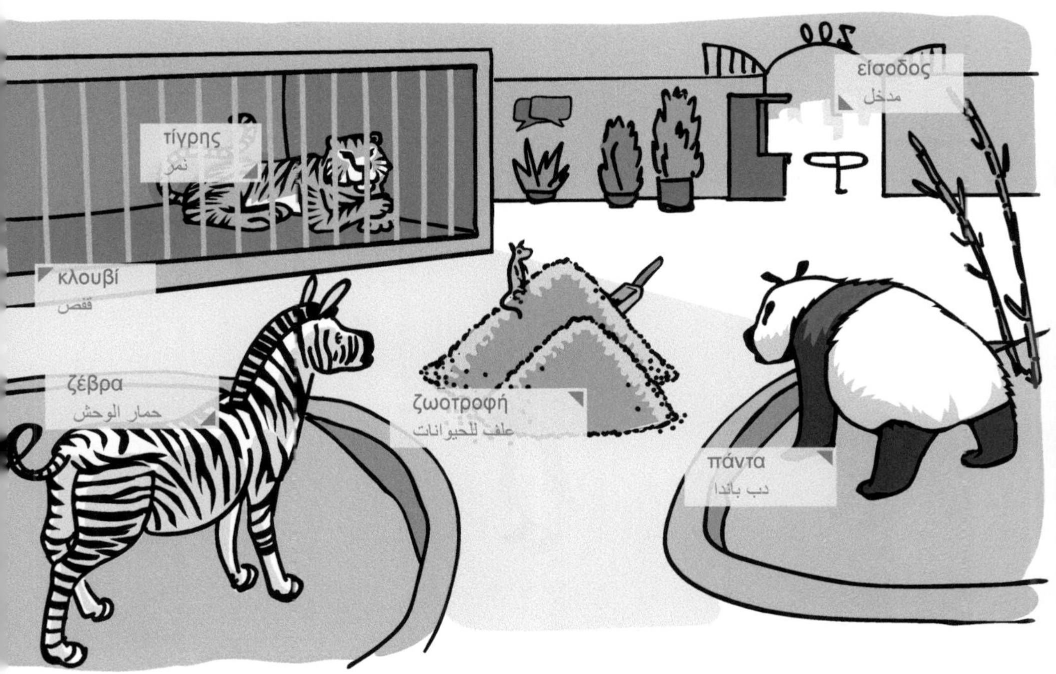

ζώα

حيوانات

ελέφαντας

فيل

καγκουρό

كنغر

ρινόκερος

وحيد القرن

γορίλας

غوريلا

αρκούδα

دب

καμήλα

جمل

στρουθοκάμηλος

نعامة

λιοντάρι

أسد

πίθηκος

قرد

φλαμίνγκο

طائر فلامينغو

παπαγάλος

ببغاء

πολική αρκούδα

دب قطبي

πιγκουίνος

بطريق

καρχαρίας

سمك القرش

παγώνι

طاووس

φίδι

أفعى

κροκόδειλος

تمساح

φύλακας ζωολογικού κήπου

حارس في حديقة الحيوان

φώκια

عجل البحر

τζάγκουαρ

نمر أمريكي مرقط

πόνυ

فرس قزم

λεοπάρδαλη

نمر

ιπποπόταμος

فرس النهر

καμηλοπάρδαλη

زرافة

αετός

نسر

αγριογούρουνο

خنزير برّي

ψάρι

سمك

χελώνα

سلحفاة

θαλάσσιος ίππος

حيوان فظ البحري

αλεπού

ثعلب

γαζέλα

غزال

Αμερικάνικο ποδόσφαιρο
كرة القدم الأمريكية

ποδηλασία
ركوب الدراجات

αντισφαίριση
كرة التنس

μπάσκετ
كرة السلة

κολύμβηση
السباحة

χόκεϊ επί πάγου
هوكي الجليد

πυγμαχία
الملاكمة

ποδόσφαιρο

كرة القدم

μπάντμιντον

الريشة الطائرة

στίβος

ألعاب القوى الخفيفة

χάντμπολ

كرة اليد

σκι

التزلج على الثلج

πόλο

بولو

δραστηριότητες
نشاطات

γελάω
يضحك
πηδάω
يقفز
αγκαλιάζω
يعانق
περπατάω
يمشي
τραγουδάω
يغنّي
ονειρεύομαι
يحلم
προσεύχομαι
يصلّي
φιλάω
يقبل

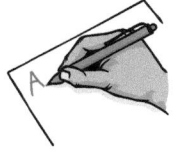

γράφω
يكتب

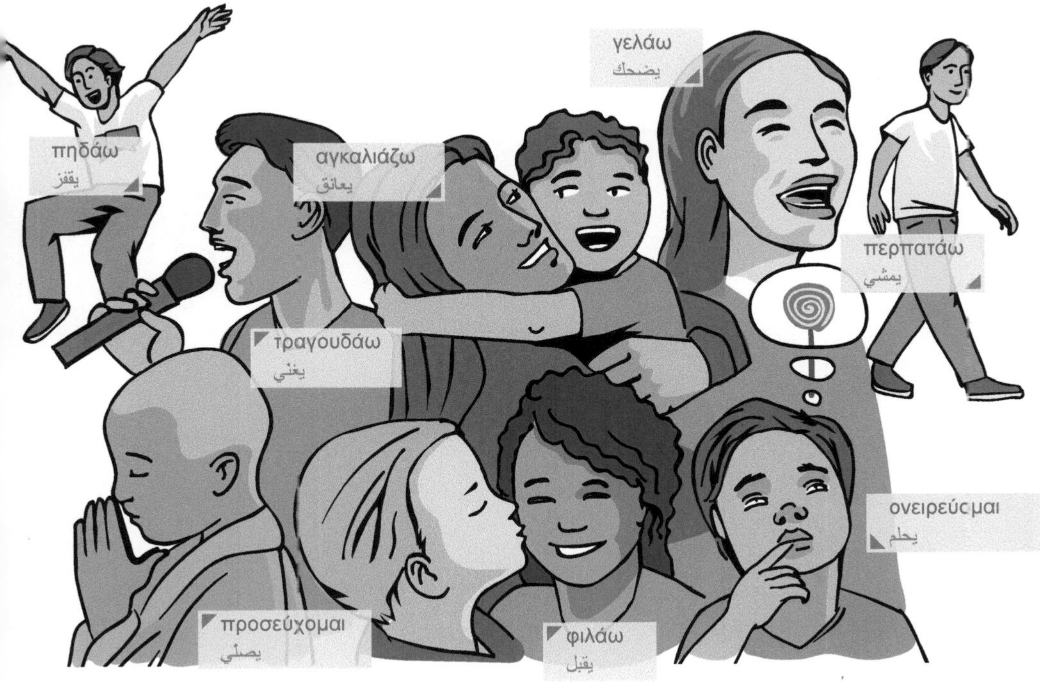

σχεδιάζω
يرسم

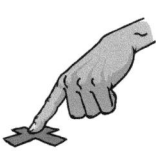

δείχνω
يُري

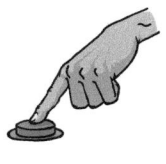

πιέζω
يدفع

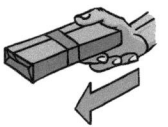

δίνω
يعطي

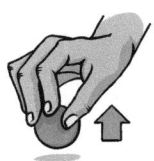

παίρνω
يأخذ

έχω

يملك

κάνω

يعمل

είμαι

يوجد

στέκομαι

يقف

τρέχω

يركض

τραβάω

يسحب

ρίχνω

يرمي

πέφτω

يقع

ξαπλώνω

يستلقي

περιμένω

ينتظر

κουβαλώ

يحمل

κάθομαι

يجلس

φοράω

يلبس

κοιμάμαι

ينام

ξυπνάω

يستيقظ

κοιτάω

ينظر إلى ..

κλαίω

يبكي

χαϊδεύω

يمسّد

χτενίζω

يمشّط

μιλάω

يتكلم

καταλαβαίνω

يفهم

ρωτάω

يسأل

ακούω

يسمع

πίνω

يشرب

τρώω

يأكل

συγυρίζω

يرتب

αγαπάω

يحب

μαγειρεύω

يطبخ

οδηγώ

يقود

πετάω

يطير

κάνω ιστιοπλοΐα

يبحر بزورق شراعي

υπολογίζω

يحسب

διαβάζω

يقرأ

μαθαίνω

يتعلم

δουλεύω

يعمل

παντρεύομαι

يتزوج

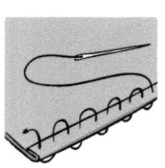

ράβω

يخيط

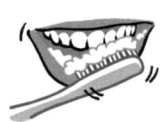

βουρτσίζω τα δόντια

ينظف أسنانه

σκοτώνω

يقتل

καπνίζω

يدخّن

στέλνω

يرسل

γιαγιά
جدّة

παππούς
جدّ

πατέρας
أب

μητέρα
أم

μωρό
الطفل

κόρη
ابنة

γιος
ابن

καλεσμένος
ضيف

θεία
عمّة / خالة

θείος
عمّ / خال

αδελφός
أخ

αδελφή
أخت

σώμα

الجسم

μέτωπο
الجبين
μάτι
العين
ώμος
الكتف
δάχτυλο
الإصبع
πρόσωπο
الوجه
πιγούνι
الذقن
χέρι
اليد
πόδι
الساق
στήθος
الصدر
βραχίονας
الذراع

μωρό

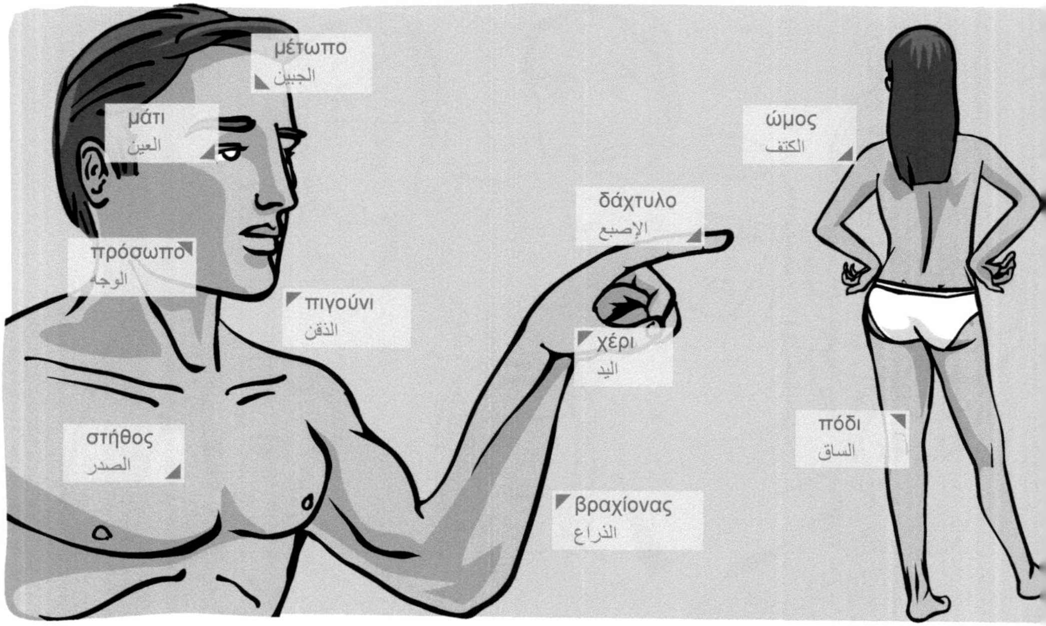

الطفل

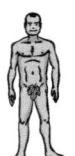

άνδρας

الرجل

γυναίκα

المرأة

κορίτσι

البنت

αγόρι

الولد

κεφάλι

الرأس

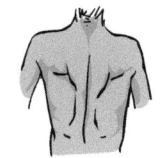

πλάτη

الظهر

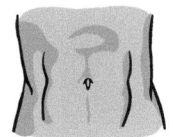

κοιλιά

البطن

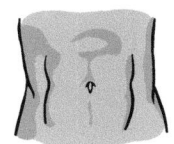

αφαλός

السرّة

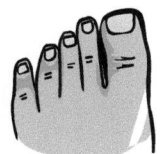

δάχτυλο ποδιού

إصبع القدم

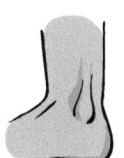

φτέρνα

الكعب

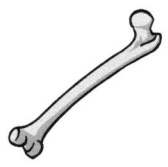

κόκκαλο

العظم

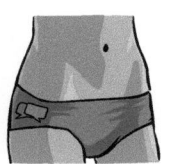

γοφός

الورك

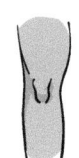

γόνατο

الركبة

αγκώνας

المِرفق

μύτη

الأنف

γλουτός

العَجُز

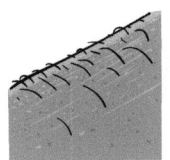

δέρμα

البشرة

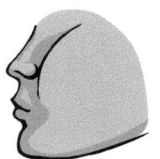

μάγουλο

الخد

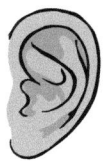

αυτί

الأذن

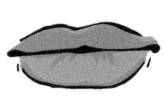

χείλος

الشفة

στόμα
الفم

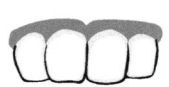

δόντι
السن

γλώσσα
اللسان

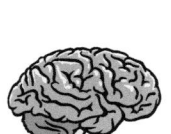

εγκέφαλος
الدماغ

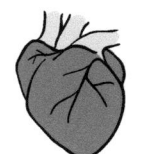

καρδιά
القلب

μυς
العضلة

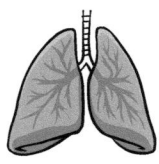

πνεύμονας
الرئة

συκώτι
الكبد

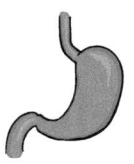

στομάχι
المعدة

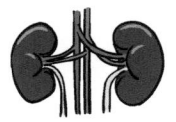

νεφρά
الكِلى

σεξουαλική επαφή
الاتصال الجنسي

προφυλακτικό
الواقي المطاطي

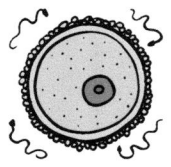

ωάριο
البويضة

σπέρμα
المنيّ

εγκυμοσύνη
الحمل

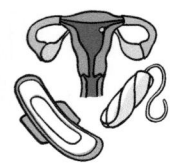

περίοδος

الحيض

γυναικείος κόλπος

المهبل

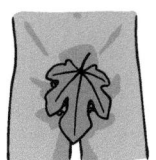

πέος

القضيب

φρύδι

الحاجب

μαλλιά

الشعر

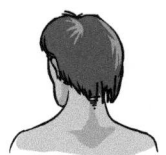

λαιμός

الرقبة

σώμα - الجسم

νοσοκομείο

المستشفى

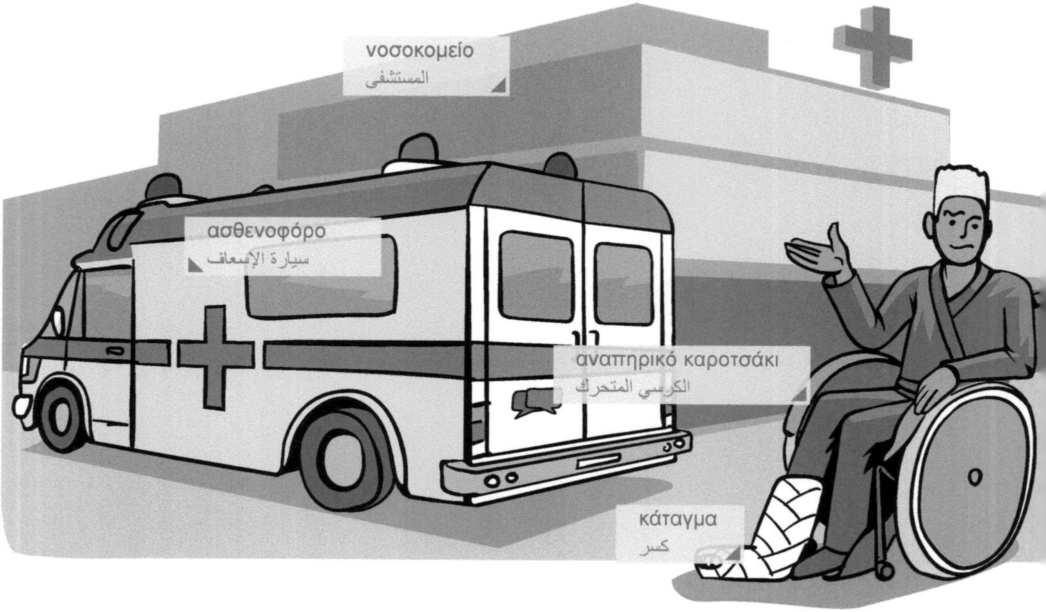

νοσοκομείο
المستشفى
ασθενοφόρο
سيارة الإسعاف
αναπηρικό καροτσάκι
الكرسي المتحرك
κάταγμα
كسر

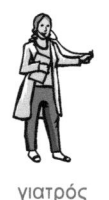

γιατρός

الطبيب

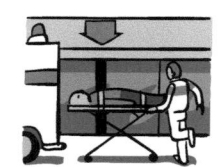

μονάδα εντατικής θεραπείας

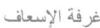

غرفة الإسعاف

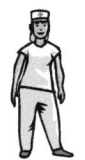

νοσοκόμα

الممرضة

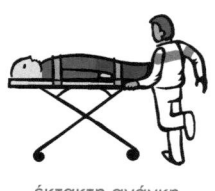

έκτακτη ανάγκη

حالة

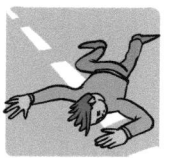

λιπόθυμος

مغمى عليه

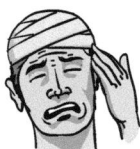

πόνος

الألم

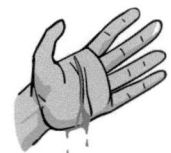

τραύμα

إصابة

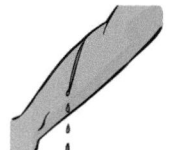

αιμορραγία

النزيف

έμφραγμα

احتشاء القلب

εγκεφαλικό

جلطة

αλλεργία

حسسية

βήχας

السعال

πυρετός

الحُمّى

γρίπη

إنفلونزا

διάρροια

الإسهال

πονοκέφαλος

وجع الرأس

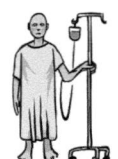

καρκίνος

السرطان

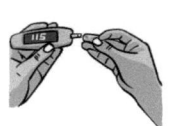

διαβήτης

مرض السكر

χειρουργός

جرّاح

νυστέρι

مبضع

εγχείρηση

عملية

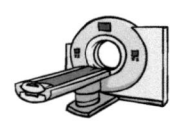

αξονική τομογραφία

سيتي سكان

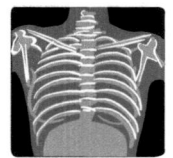

ακτινογραφία

الأشعة السينية

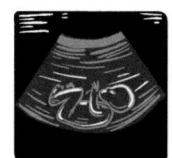

υπέρηχος

فوق الصوتي

μάσκα

القناع

ασθένεια

المرض

αίθουσα αναμονής

غرفة الانتظار

πατερίτσα

العُكاز

χάνσαπλαστ

شريط لاصق

επίδεσμος

ضماد

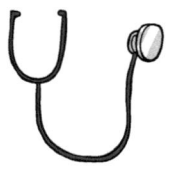

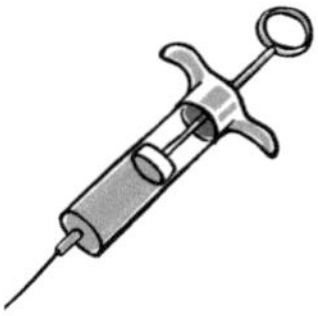

ένεση

حقنة

στηθοσκόπιο

سمّاعة الطبيب

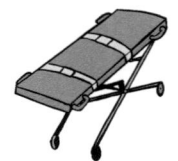

φορείο

نقالة

θερμόμετρο

ميزان حرارة

γέννηση

ولادة

υπέρβαρο

وزن زائد

ακουστικό βαρηκοΐας

جهاز السمع

αντισηπτικό

المواد المعقمة

λοίμωξη

عدوى

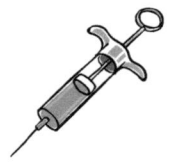

ιός

فيروس

HIV/AIDS

الإيدز

φάρμακο

الطب

εμβολιασμός

اللقاح

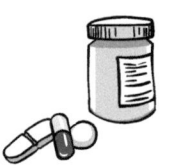

δισκία

أقراص الدواء

χάπι

حبّة الدواء

κλήση έκτακτης ανάγκης

نداء النجدة

πιεσόμετρο αίματος

مقياس ضغط الدم

άρρωστος / υγιής

مريض / صحيح

Βοήθεια!

النجدة!

συναγερμός

إنذار

βιαιοπραγία

اعتداء

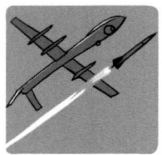

επίθεση

هجوم

κίνδυνος

خطر

έξοδος κινδύνου

مخرج طوارئ

Φωτιά!

حريق!

πυροσβεστήρας

جهاز الإطفاء

ατύχημα

حادث

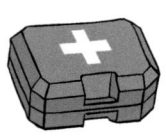

κουτί πρώτων βοηθειών

حقيبة الإسعاف الأولي

SOS

أنقذونا

αστυνομία

الشرطة

Ευρώπη

أوروبا

Βόρεια Αμερική

أمريكا الشمالية

Νότια Αμερική

أمريكا الجنوبية

Αφρική

أفريقيا

Ασία

آسيا

Αυστραλία

أستراليا

Ατλαντικός Ωκεανός

المحيط الأطلسي

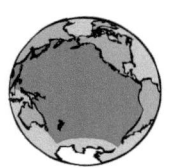

Ειρηνικός Ωκεανός

المحيط الهادي

Ινδικός Ωκεανός

المحيط الهندي

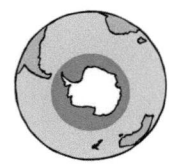

Ανταρκτικός Ωκεανός

المحيط المتجمد الجنوبي

Αρκτικός Ωκεανός

المحيط المتجمد الشمالي

Βόρειος Πόλος

القطب الشمالي

Νότιος Πόλος
....
القطب الجنوبي

Ανταρκτική
....
منطقة القطب الجنوبي

Γη
....
أرض

γη
....
بر

θάλασσα
....
بحر

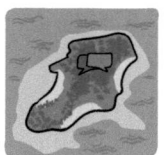

νησί
....
جزيرة

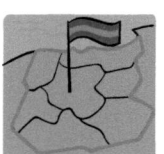

έθνος
....
أمة

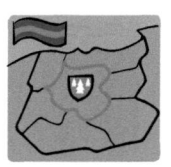

πολιτεία
....
دولة

ρολόι
ساعة

καντράν ρολογιού

ميناء الساعة

ωροδείκτης

عقرب الساعات

λεπτοδείκτης

عقرب الدقائق

δείκτης δευτερολέπτων

عقرب الثواني

Τι ώρα είναι;

كم الساعة الآن؟

ημέρα

يوم

χρόνος

زمن

τώρα

الآن

ψηφιακό ρολόι

ساعة رقمية

λεπτό

دقيقة

ώρα

ساعة

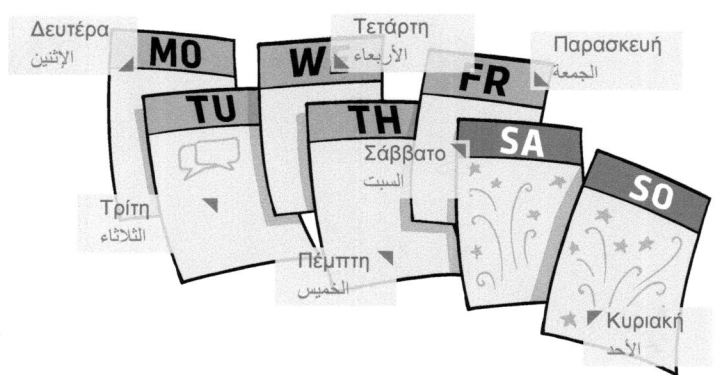

εβδομάδα

أسبوع

MO
TU
W
TH
FR
SA

1

χθες

الأمس

2

σήμερα

اليوم

3

αύριο

غداً

πρωί

الصباح

μεσημέρι

الظهر

βράδυ

المساء

MO TU WE TH FR SA SU
1 2 3 4 5 6 7
8 9 10 11 12 13 14
15 16 17 18 19 20 21
22 23 24 25 26 27 28
29 30 31 1 2 3 4

εργάσιμες ημέρες

أيام العمل

MO TU WE TH FR SA SU
1 2 3 4 5 6 7
8 9 10 11 12 13 14
15 16 17 18 19 20 21
22 23 24 25 26 27 28
29 30 31 1 2 3 4

Σαββατοκύριακο

نهاية الأسبوع

έτος
سنة

βροχή
مطر
ουράνιο τόξο
قوس قزح
χιόνι
ثلج
άνεμος
ريح
άνοιξη
الربيع
φθινόπωρο
الخريف
καλοκαίρι
الصيف
χειμώνας
الشتاء

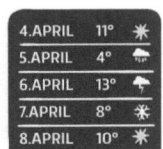

4.APRIL 11°
5.APRIL 4°
6.APRIL 13°
7.APRIL 8°
8.APRIL 10°

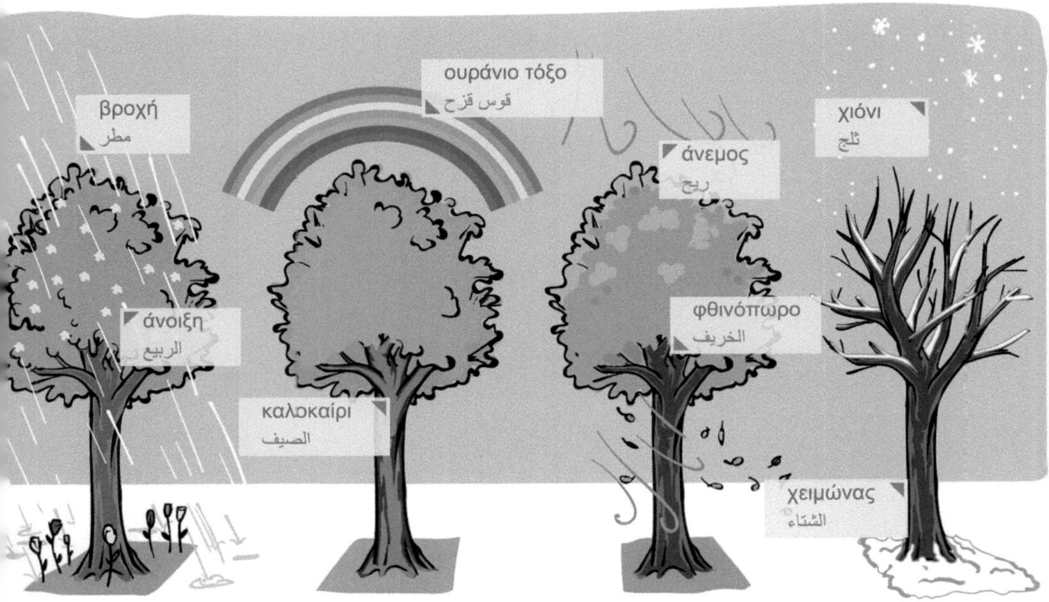

πρόγνωση καιρού

التنبؤ بالحالة الجوية

F C
120 90 60 30 0 -30
40 30 20 10 0 -10 -20

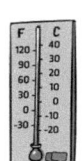

θερμόμετρο

مقياس حرارة

λιακάδα

ضوء الشمس

σύννεφο

سحابة

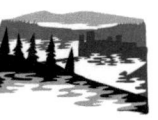

ομίχλη

ضباب

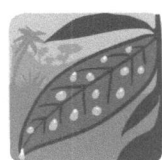

υγρασία

رطوبة الجو

αστραπή

برق

κεραυνός

رعد

καταιγίδα

عاصفة

χαλάζι

بَرَد

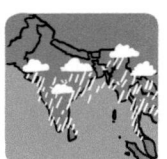

μουσώνας

ريح موسمية

πλημμύρα

طوفان

πάγος

جليد

Ιανουάριος

كانون الثاني / يناير

Φεβρουάριος

شباط / فبراير

Μάρτιος

آذار / مارس

Απρίλιος

نيسان / أبريل

Μάιος

أيار / مايو

Ιούνιος

حزيران / يونيو

Ιούλιος

تموز / يوليو

Αύγουστος

آب / أغسطس

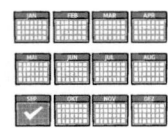

Σεπτέμβριος

أيلول / سبتمبر

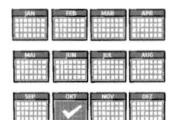

Οκτώβριος

تشرين الأول / أكتوبر

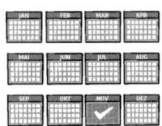

Νοέμβριος

تشرين الثاني / نوفمبر

Δεκέμβριος

كانون الأول / ديسمبر

σχήματα

أشكال

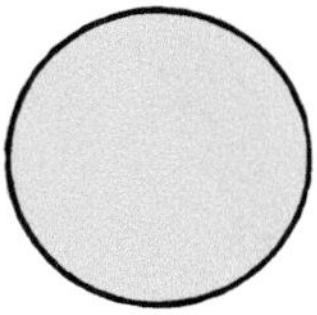

κύκλος

دائرة

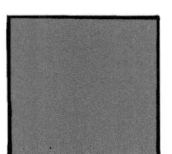

τετράγωνο

مربّع

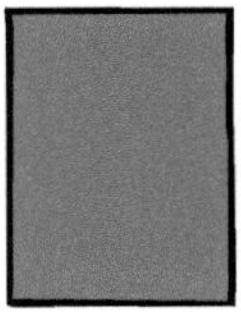

ορθογώνιο παραλληλόγραμμο

مستطيل

τρίγωνο

مثلث

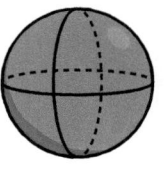

σφαίρα

كرة

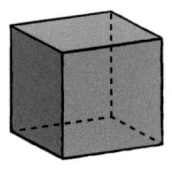

κύβος

مكعب

χρώματα

ألوان

άσπρο

أبيض

κίτρινο

أصفر

πορτοκαλί

برتقالي

ροζ

وردي

κόκκινο

أحمر

μωβ

بنفسجي

μπλε

أزرق

πράσινο

أخضر

καφέ

بنّي

γκρι

رمادي

μαύρο

أسود

αντίθετα
الأضداد

πολύ / λίγο

كثير / قليل

θυμωμένος / ήρεμος

غضبان / هادئ

όμορφος / άσχημος

جميل / قبيح

αρχή / τέλος

بداية / نهاية

μεγάλος / μικρός

كبير / صغير

φωτεινός / σκοτεινός

فاتح / قاتم

αδελφός / αδελφή

أخ / أخت

καθαρός / λερωμένος

نظيف / وسخ

πλήρης / ατελής

كامل / ناقص

ημέρα / νύχτα

نهار / ليل

νεκρός / ζωντανός

ميت / حيّ

φαρδύς / στενός

عريض / ضيّق

βρώσιμος / μη βρώσιμος

صالح للأكل / غير صالح

κακός / ευγενικός

شرّير / لطيف

ενθουσιασμένος / βαριεστημένος

مثير / ممل

παχύς / λεπτός

سمين / نحيف

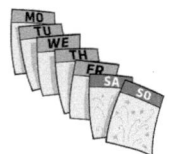

πρώτος / τελευταίος

أولاً / أخيراً

φίλος / εχθρός

صديق / عدو

γεμάτος / άδειος

مليء / فارغ

σκληρός / μαλακός

صلب / ليّن

βαρύς / ελαφρύς

ثقيل / خفيف

πείνα / δίψα

جوع / عطش

άρρωστος / υγιής

مريض / صحيح

παράνομος / νόμιμος

غير شرعي / شرعي

έξυπνος / χαζός

ذكي / غبي

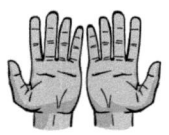

αριστερός / δεξιός

يسار / يمين

κοντινός / μακρινός

قريب / بعيد

καινούριος / μεταχειρισμένος

جديد / مستعمل

τίποτα / κάτι

لا شيء / بعض الشيء

γέρος | νέος

مسن / شاب

αναμμένος / σβηστός

يشعل / يطفئ

ανοιχτός / κλειστός

مفتوح / مغلق

χαμηλόφωνος / μεγαλόφωνος

خافت / عالٍ

πλούσιος / φτωχός

غني / فقير

σωστός / λανθασμένος

صح / خطأ

τραχύς / λείος

أحرش / املس

λυπημένος / χαρούμενος

حزين / سعيد

κοντός / μακρύς

قصير / طويل

αργός / γρήγορος

بطيء / سريع

υγρός / στεγνός

مبلول / جاف

ζεστός / δροσερός

ساخن / بارد

πόλεμος / ειρήνη

حرب / سلم

0

μηδέν

صفر

1

ένα

واحد

2

δύο

اثنان

3

τρία

ثلاثة

4

τέσσερα

أربعة

5

πέντε

خمسة

6

έξι

ستة

7

εφτά

سبعة

8

οκτώ

ثمانية

9

εννιά

تسعة

10

δέκα

عشرة

11

έντεκα

أحد عشر

12
δώδεκα
اثنا عشر

13
δεκατρία
ثلاثة عشر

14
δεκατέσσερα
أربعة عشر

15
δεκαπέντε
خمسة عشر

16
δεκαέξι
ستة عشر

17
δεκαεφτά
سبعة عشر

18
δεκαοκτώ
ثمانية عشر

19
δεκαεννέα
تسعة عشر

20
είκοσι
عشرون

100
εκατό
مائة

1.000
χίλια
ألف

1.000.000
εκατομμύριο
مليون

αριθμοί - أرقام

γλώσσες

اللغات

Αγγλικά

الإنكليزية

Αμερικάνικα Αγγλικά

الإنكليزية الأمريكية

Μανδαρίνικα Κινέζικα

لغة ماندارين الصينية

Χίντι

الهندية

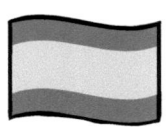

Ισπανικά

الإسبانية

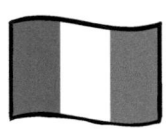

Γαλλικά

الفرنسية

Αραβικά

العربية

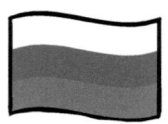

Ρώσικα

الروسية

Πορτογαλικά

البرتغالية

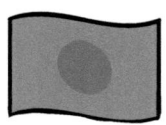

Μπενγκάλι

البنغالية

Γερμανικά

الألمانية

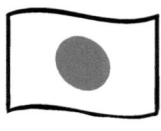

Ιαπωνικά

اليابانية

ποιος / τι / πως
من / ماذا / كيف

εγώ

أنا

εσύ

أنت

αυτός / αυτή / αυτό

هو / هي

εμείς

نحن

εσείς

أنتم

αυτοί / αυτές / αυτά

هم

ποιος / ποια / ποιο;

من؟

τι;

ماذا؟

πώς;

كيف؟

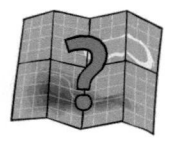

πού;

أين؟

πότε;

متى؟

όνομα

اسم

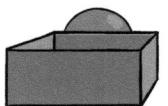

που
أين

πίσω

خلف

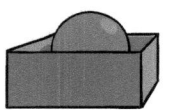

μέσα

في

μπροστά

أمام

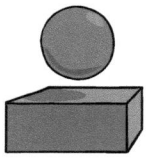

πάνω από

فوق

πάνω

على

κάτω

تحت

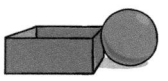

δίπλα

جنب

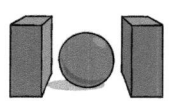

ανάμεσα

بين

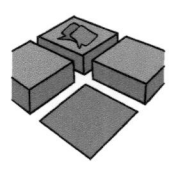

μέρος

مكان